भारत में ईसाई धर्म एक नज़र में

HARMONY OF FAITH

आलोक सोरेंग

मेरे सबसे प्यारे माता-पिता और होली फैमिली चर्च, कोलकाता के प्रतिष्ठित पैरिश पुजारी को,

जीवन और आस्था की यात्रा में, ऐसे लोग हैं जिनका अटूट समर्थन और गहरा प्रभाव हमारे रास्ते को आकार देता है। मेरे प्यारे माता-पिता, जो मेरे मार्गदर्शक और शक्ति के अटूट स्तंभ रहे हैं, यह पुस्तक हार्दिक कृतज्ञता और अपार प्रेम के साथ समर्पित है। आपका असीम प्रोत्साहन, निस्वार्थ बलिदान और बिना शर्त प्यार वह आधार रहा है जिस पर मेरे सपने और आकांक्षाएं फली-फूली हैं। मुझ पर आपका विश्वास प्रेरणा का निरंतर स्रोत रहा है, हर जीत और चुनौती के दौरान मेरा मार्गदर्शन करता रहा है।

मेरे आध्यात्मिक विकास को बढ़ावा दिया है और ईसाई धर्म के बारे में मेरी समझ को गहरा किया है। समुदाय की सेवा के प्रति आपका अटूट समर्पण, आपका दयालु हृदय और ईसा मसीह की शिक्षाओं के प्रति आपकी दृढ़ प्रतिबद्धता उन सभी के लिए आशा और प्रेरणा का प्रतीक रही है, जिन्हें आपको जानने का सौभाग्य मिला है।

यह पुस्तक, भारत में ईसाई धर्म: आस्था का सामंजस्य, मेरे माता-पिता द्वारा मुझमें डाले गए मूल्यों और पल्ली पुरोहित द्वारा प्रदान किए गए आध्यात्मिक मार्गदर्शन का एक प्रमाण है। यह विश्वास की समृद्ध टेपेस्ट्री का प्रतिबिंब है जो हमें एक समुदाय के रूप में एक साथ बांधता है और भारत में ईसाई धर्म की विविधता और एकता का जश्न मनाता है।

जैसे ही मैं इन शब्दों को लिखता हूं, मैं अपने परिवार के प्यार और समर्थन और पल्ली पुरोहित के आध्यात्मिक मार्गदर्शन के माध्यम से भगवान द्वारा मुझे दिए गए अनगिनत आशीर्वादों के लिए कृतज्ञता से भर जाता हूं। इस पुस्तक के पन्ने सद्भाव, सहिष्णुता और प्रेम की

भावना से गूंजते हैं जो ईसाई धर्म के सार को परिभाषित करता है, और यह मेरे जीवन और आस्था यात्रा पर मेरे माता-पिता और पल्ली पुरोहित के गहरे प्रभाव के लिए एक श्रद्धांजलि के रूप में काम कर सकता है।

गहरी श्रद्धा और असीम प्रेम के साथ,

[आलोक सोरेंग]

❧

क्रम-सूची

प्रस्तावना

भारत की समृद्ध सांस्कृतिक विरासत की टेपेस्ट्री में, ईसाई धर्म का धागा विश्वास, लचीलापन और स्थायी सद्भाव की कहानी बुनता है। जैसे ही हम भारत में ईसाई समुदाय के विविध परिदृश्य की खोज करते हुए इतिहास के इतिहास की यात्रा पर निकलते हैं, हमारा सामना एक ऐसी कहानी से होता है जो सीमाओं, भाषाओं और परंपराओं से परे है - विविधता में एकता की कहानी, बहुलता के बीच सह-अस्तित्व की कहानी। और विश्वास की जिसकी कोई सीमा नहीं है।

भारत में ईसाई धर्म: आस्था का सद्भाव भारत में ईसाई समुदाय के दिल में गहराई से उतरता है, इसकी जटिलताओं को उजागर करता है, और इसके असंख्य रंगों का जश्न मनाता है। गहन शोध, व्यावहारिक विश्लेषण और मार्मिक आख्यानों के माध्यम से, यह पुस्तक भारतीय उपमहाद्वीप पर ईसाई धर्म की यात्रा का एक विहंगम दृश्य प्रस्तुत करती है - एक यात्रा जो विजय और कष्टों, खुशी और दुःख के क्षणों, चुनौतियों पर काबू पाने और बाधाओं को तोड़ने से चिह्नित है।

केरल के तट पर सेंट थॉमस द एपोस्टल के आगमन से लेकर पूरे देश में ईसाई धर्म के प्रसार तक, भारत में ईसाई समुदाय ने देश के सांस्कृतिक, सामाजिक और धार्मिक परिदृश्य पर एक अमिट छाप छोड़ी है। . विविध संस्कृतियों और सभ्यताओं के साथ सदियों की बातचीत के माध्यम से, भारतीय ईसाई धर्म परंपराओं, रीति-रिवाजों और प्रथाओं की एक जीवंत टेपेस्ट्री में विकसित हुआ है, जिनमें से प्रत्येक विश्वास की समृद्ध पच्चीकारी में योगदान देता है जो भारत में ईसाई अनुभव को परिभाषित करता है।

जैसे ही हम इस पुस्तक के पन्नों को पढ़ते हैं, हम संतों और शहीदों, मिशनरियों और प्रचारकों, सामान्य पुरुषों और महिलाओं की कहानियों का सामना करते हैं जिनका जीवन ईसाई धर्म की

परिवर्तनकारी शक्ति का गवाह है। हम भारतीय ईसाई धर्मशास्त्रियों की धार्मिक अंतर्दृष्टि में गहराई से उतरते हैं, शिक्षा, स्वास्थ्य देखभाल और सामाजिक सुधार में ईसाई संस्थानों के योगदान का पता लगाते हैं, और समकालीन भारत में ईसाई समुदाय के सामने आने वाली चुनौतियों और अवसरों पर विचार करते हैं।

लेकिन ऐतिहासिक आख्यानों और धार्मिक प्रवचनों से परे एक गहरा सत्य निहित है - एक ऐसा सत्य जो स्वयं ईसाई धर्म के सार को बयां करता है। अपने मूल में, ईसाई धर्म प्रेम, करुणा और समावेशिता का विश्वास है - एक ऐसा विश्वास जो नस्ल, जाति, पंथ और भाषा की सीमाओं से परे है। विभाजन और कलह से बिखरी हुई दुनिया में, ईसाई धर्म का संदेश आशा की एक किरण प्रदान करता है, जो हमें अपनी साझा मानवता को अपनाने और शांति, न्याय और सद्भाव के भविष्य की दिशा में काम करने के लिए कहता है।

भारत में ईसाई धर्म: आस्था का सामंजस्य केवल एक ऐतिहासिक वृत्तांत या अकादमिक ग्रंथ नहीं है - यह भारत में ईसाई समुदाय की स्थायी भावना का एक प्रमाण है, इसकी समृद्ध विरासत का उत्सव है, और प्रेम के मूल्यों को अपनाने का आह्वान है। सहिष्णुता, और एकता जो ईसाई आस्था के केंद्र में है। जैसे ही हम इस यात्रा पर एक साथ आगे बढ़ते हैं, हम उन लोगों की कहानियों से प्रेरित हो सकते हैं जो हमसे पहले चले गए हैं, और हम एक ऐसी दुनिया बनाने के लिए सशक्त हो सकते हैं जहां भगवान के सभी बच्चे सद्भाव और शांति से एक साथ रह सकें।

हार्दिक सम्मान के साथ,

[श्रीमती. आशा एक्का एवं श्रीमती. मेरी तिर्की]

भूमिका

भारत, विविध संस्कृतियों और धर्मों की भूमि, कई धर्मों की पोषक भूमि रही है। उनमें से, ईसाई धर्म ने भारत के आध्यात्मिक परिदृश्य की पच्चीकारी में अपना स्थान और उद्देश्य पाया है। "आस्था में सद्भाव: भारत का ईसाई समुदाय" इस प्राचीन भूमि में ईसाई धर्म की समृद्ध टेपेस्ट्री की खोज करता है, इसके इतिहास, परंपराओं, चुनौतियों और योगदानों पर प्रकाश डालता है।

2,000 से अधिक वर्षों के इतिहास के साथ, भारत में ईसाई धर्म आस्था के लचीलेपन का प्रमाण है। यीशु के बारह प्रेरितों में से एक, सेंट थॉमस के आगमन से लेकर आज तक, यह विश्वास भारतीय समाज की जटिलताओं के बीच विकसित, अनुकूलित और विकसित हुआ है।

यह पुस्तक ईसाई समुदाय के इतिहास के माध्यम से एक व्यापक यात्रा शुरू करती है, जो इस विश्वास की शुरुआत, प्रसार और विकास पर प्रकाश डालती है। यह कैथोलिक धर्म से लेकर प्रोटेस्टेंटवाद तक अनेक ईसाई संप्रदायों और भारतीय संस्कृति में उनके अद्वितीय योगदान की पड़ताल करता है।

अगले अध्यायों के माध्यम से, आप उन ईसाई नेताओं की कहानियों को उजागर करेंगे जिन्होंने भारत पर एक अमिट छाप छोड़ी है, उत्सव और परंपराएं जो ईसाई जीवन को परिभाषित करती हैं, और शिक्षा, स्वास्थ्य देखभाल, कला और सामाजिक सेवा में समुदाय द्वारा निभाई गई अमूल्य भूमिका को उजागर करेंगी।

हम भारत में ईसाइयों के सामने आने वाली समकालीन चुनौतियों और विविध समुदायों के बीच सद्भाव को बढ़ावा देने में अंतर-धार्मिक संबंधों की भूमिका की भी जांच करेंगे।

"विश्वास में सद्भाव" सिर्फ एक ऐतिहासिक वृत्तांत नहीं है; यह भारत में ईसाई भावना का उत्सव है। यह उन अनगिनत व्यक्तियों को श्रद्धांजलि है जिन्होंने अपना जीवन दूसरों की सेवा में समर्पित कर दिया है और उस स्थायी विश्वास का प्रतिबिंब है जो लाखों लोगों को प्रेरित करता रहता है।

भारत में ईसाई समुदाय के हृदय के माध्यम से इस ज्ञानवर्धक यात्रा में हमारे साथ शामिल हों, जहां आस्था, संस्कृति और इतिहास एक अद्वितीय और सामंजस्यपूर्ण कथा बनाने के लिए एकत्रित होते हैं।

गहरी कृतज्ञता और हार्दिक शुभकामनाओं के साथ,

[आलोक सोरेंग]

൦Ꭷ

पावती (स्वीकृति)

किताब लिखना कभी भी एक अकेला प्रयास नहीं है। यह अनगिनत घंटों के शोध, चिंतन और सहयोग की परिणति है। जैसा कि मैं भारत में ईसाई धर्म: हार्मनी ऑफ फेथ: द क्रिश्चियन कम्युनिटी ऑफ इंडिया प्रकाशित करने की दहलीज पर खड़ा हूं, मैं उन सभी का बहुत आभारी हूं जिन्होंने इस प्रयास में देखे और अदृश्य दोनों तरीकों से योगदान दिया है।

सबसे पहले और सबसे महत्वपूर्ण, मैं अपने माता-पिता के प्रति गहरा आभार व्यक्त करता हूं, जिनका अटूट प्यार, प्रोत्साहन और समर्थन मेरी यात्रा का आधार रहा है। उनका बलिदान, मार्गदर्शन और प्रार्थनाएँ शक्ति और प्रेरणा का स्रोत रही हैं, जिनके बिना यह पुस्तक संभव नहीं होती। मेरे सपनों में उनका विश्वास और मेरी क्षमताओं में उनके अटूट विश्वास ने विपरीत परिस्थितियों में भी मुझे आगे बढ़ने के लिए प्रेरित किया है।

मैं अपने दोस्तों का भी आभारी हूं, जिनके सहयोग, सौहार्द और बौद्धिक अंतर्दृष्टि ने मेरे जीवन को अनगिनत तरीकों से समृद्ध किया है। उनके प्रोत्साहन, प्रतिक्रिया और नैतिक समर्थन ने लेखन प्रक्रिया के उतार-चढ़ाव के दौरान मुझे सहारा दिया है। चाहे मेरी बात सुनना हो, रचनात्मक आलोचना करना हो, या केवल प्रोत्साहन का स्रोत बनना हो, मेरे जीवन में उनकी उपस्थिति खुशी और प्रेरणा का निरंतर स्रोत रही है।

धन्यवाद का एक विशेष शब्द मेरे पैरिश पुजारी, रेवरेंड सेराफिनियस एक्का का है, जिनका मार्गदर्शन, ज्ञान और देहाती देखभाल मेरी आध्यात्मिक यात्रा में प्रकाश की किरण रही है। धर्मशास्त्र का उनका गहन ज्ञान, उनका दयालु हृदय और ईसाई धर्म के प्रति उनकी अटूट प्रतिबद्धता प्रेरणा और प्रोत्साहन का स्रोत रही है। उनकी प्रार्थनाएँ और

आशीर्वाद हर कदम पर मेरे साथ रहे हैं, जिससे इस पुस्तक में दिव्य उद्देश्य और अनुग्रह की भावना भर गई है।

मैं फादर मनोज सोरेंग का भी आभारी हूं, जिनकी विद्वतापूर्ण अंतर्दृष्टि, धार्मिक विशेषज्ञता और उदार भावना ने इस पुस्तक को अत्यधिक समृद्ध किया है। उनकी सलाह, प्रोत्साहन और समर्थन अमूल्य रहा है, जिससे मुझे स्पष्टता और सटीकता के साथ ईसाई धर्मशास्त्र और इतिहास की जटिलताओं के माध्यम से मार्गदर्शन मिला है। सुसमाचार के प्रति उनके जुनून और ईसाई मिशन के प्रति उनकी प्रतिबद्धता ने मुझे हमारे विश्वास की समृद्धि में गहराई से उतरने और इसके प्रेम और आशा के संदेश को दुनिया के साथ साझा करने के लिए प्रेरित किया है।

इस पुस्तक को साकार करने में जिन लोगों ने भी छोटी-सी भूमिका निभाई है, उनके प्रति मैं हृदय से धन्यवाद देता हूँ। आपके योगदान ने, चाहे वह प्रार्थनाओं, प्रोत्साहन, प्रतिक्रिया या व्यावहारिक सहायता के माध्यम से हो, इस परियोजना पर एक अमिट छाप छोड़ी है, इसे प्यार के परिश्रम से आकार दिया है जो यह बन गया है। यह पुस्तक आस्था की शक्ति, विविधता की सुंदरता और भारत में ईसाई समुदाय की स्थायी भावना का प्रमाण हो।

गहरी कृतज्ञता और हार्दिक शुभकामनाओं के साथ,

[आलोक सोरेंग]

☙

आमुख

भारत के समृद्ध और विविध धार्मिक परिदृश्य की टेपेस्ट्री में, ईसाई धर्म एक अद्वितीय और जीवंत धागा है, जो देश के इतिहास, संस्कृति और पहचान के ताने-बाने में बुना हुआ है। केरल के तट पर इसकी साधारण शुरुआत से लेकर उपमहाद्वीप की लंबाई और चौड़ाई में इसके प्रसार तक, भारत में ईसाई धर्म की कहानी विश्वास की स्थायी शक्ति, मानव आत्मा की लचीलापन और आध्यात्मिकता की सार्वभौमिक खोज का प्रमाण सत्य और अर्थ है।

जैसे-जैसे हम संतों और मिशनरियों, शहीदों और प्रचारकों के नक्शेकदम पर चलते हुए समय के इतिहास की यात्रा पर निकलते हैं, हम उन अनुभवों, विश्वासों और परंपराओं के बहुरूपदर्शक का सामना करते हैं जिन्होंने सदियों से भारत में ईसाई समुदाय को आकार दिया है। केरल के प्राचीन सिरिएक ईसाइयों से लेकर पूर्वोत्तर के जीवंत प्रोटेस्टेंट चर्चों तक, मुंबई और चेन्नई के हलचल भरे महानगरों से लेकर नागालैंड और मिजोरम के सुदूर गांवों तक, भारत में ईसाई उपस्थिति जितनी विविधतापूर्ण है उतनी ही गतिशील भी है।

लेकिन ऐतिहासिक तथ्यों और आंकड़ों की मात्र गणना से परे एक गहरी कथा निहित है, जो आस्था, पहचान और अपनेपन के सवालों से जूझ रहे व्यक्तियों और समुदायों के जीवंत अनुभवों को बयां करती है। यह विजय और क्लेश, उत्पीड़न और दृढ़ता, विपरीत परिस्थितियों पर विजय और मानव आत्मा की विजय की कहानी है।

इस पुस्तक में, हम भारत में ईसाई धर्म के बहुमुखी आयामों का पता लगाना चाहते हैं, संवेदनशीलता और बारीकियों के साथ इसके धार्मिक, सांस्कृतिक और सामाजिक-राजनीतिक निहितार्थों पर प्रकाश डालते हैं। प्राचीन पांडुलिपियों और ऐतिहासिक इतिहास से लेकर समकालीन साक्ष्यों और जीवित अनुभवों तक - स्रोतों की एक समृद्ध टेपेस्ट्री का

उपयोग करते हुए हमारा लक्ष्य भारत में ईसाई समुदाय, इसकी उत्पत्ति, विकास और चुनौतियों के साथ-साथ इसके योगदान का एक व्यापक अवलोकन और भारतीय समाज की व्यापक छवि प्रदान करना है।

लेकिन केवल अकादमिक जांच से परे, हमारी खोज एक गहरी इच्छा से प्रेरित है - विभिन्न धर्मों और परंपराओं के लोगों के बीच अधिक समझ, संवाद और पारस्परिक सम्मान को बढ़ावा देने की इच्छा। विभाजन, कलह और गलतफहमी से जूझ रही दुनिया में, भारत में ईसाई धर्म की कहानी प्रेम, करुणा और एकजुटता के सार्वभौमिक मूल्यों की एक शक्तिशाली याद दिलाती है जो हमें मानव परिवार के सदस्यों के रूप में एक साथ बांधती है।

जैसे ही हम अन्वेषण और खोज की इस यात्रा पर आगे बढ़ते हैं, आइए हम अपने विषय को विनम्रता, जिज्ञासा और खुले दिमाग से देखें, यह पहचानते हुए कि भारत में ईसाई धर्म की कहानी केवल एक ऐतिहासिक जिज्ञासा नहीं है, बल्कि स्थायी शक्ति आस्था और मानवीय एकजुटता की परिवर्तनकारी क्षमता का एक जीवित, सांस लेने वाला वसीयतनामा है।

आशा है कि यह पुस्तक प्रकाश की किरण के रूप में काम करेगी, जो हमारी तेजी से परस्पर जुड़ी दुनिया में अधिक समझ, सहिष्णुता और सद्भाव की दिशा में मार्ग प्रशस्त करेगी।

[आलोक सोरेंग]

☙

1

भारत में ईसाई धर्म की शुरूआत

विविध ईसाई संप्रदाय

जैसे ही ईसाई धर्म ने भारत में जड़ें जमाईं, इसमें एक आकर्षक परिवर्तन आया। भारत के विविध सांस्कृतिक और क्षेत्रीय परिदृश्य ने आज देश में मौजूद विभिन्न ईसाई संप्रदायों को आकार देने में महत्वपूर्ण भूमिका निभाई है।

- **सिरो-मालाबार कैथोलिक चर्च:** सिरो-मालाबार कैथोलिक चर्च, भारत के सबसे बड़े पूर्वी कैथोलिक चर्चों में से एक, सेंट थॉमस द एपोस्टल से अपनी विरासत का पता लगाता है। यह पूर्वी सीरियाई धर्मविधि का अनुसरण करता है और संगीत, कला और आध्यात्मिकता की एक समृद्ध परंपरा को बनाए रखता है। 15 अगस्त को मण्डली मास की यूचरिस्टिक प्रार्थना के दौरान परिवर्तन का सामना करने के लिए उनके सिरो-मालाबार चर्च धर्मसभा के निर्देश की अवहेलना में, एर्नाकुलम-अंगलामी महाधर्मप्रांत के पुजारियों को इसका सामना करना पड़ा।

चित्र .1

- **मलंकारा ऑर्थोडॉक्स सीरियन चर्च:** यह प्राचीन चर्च, जिसे भारतीय ऑर्थोडॉक्स चर्च के नाम से भी जाना जाता है, की जड़ें सेंट थॉमस द्वारा स्थापित ईसाई समुदायों में हैं। यह पश्चिम सीरियाई धार्मिक परंपरा का अनुसरण करता है और भारतीय ईसाई धर्म के इतिहास में इसका एक अद्वितीय स्थान है।

एसएमसीसी की पवित्र धर्मसभा

- **दक्षिण भारत का चर्च (सीएसआई):** दक्षिण भारत का चर्च कई प्रोटेस्टेंट संप्रदायों के संघ का परिणाम है, जिनमें एंग्लिकन, कांग्रेगेशनलिस्ट, मेथोडिस्ट और प्रेस्बिटेरियन शामिल हैं। यह भारत में प्रोटेस्टेंट ईसाई धर्म की विविधता का प्रतिनिधित्व करता है।

चित्र .3

- **कैथोलिक धर्म और प्रोटेस्टेंटवाद:** ऊपर उल्लिखित विशिष्ट संप्रदायों के अलावा, भारत कैथोलिक और प्रोटेस्टेंट चर्चों की एक विस्तृत श्रृंखला का भी घर है, जिनमें से प्रत्येक की अपनी अलग प्रथाएं और परंपराएं हैं।

चित्र .4

भारतीय ईसाई धर्म की समन्वयात्मक प्रकृति

भारत में ईसाई धर्म का एक उल्लेखनीय पहलू अपनी मूल मान्यताओं को संरक्षित करते हुए स्थानीय रीति-रिवाजों और परंपराओं को आत्मसात करने की क्षमता है। प्रारंभिक ईसाई समुदायों, जिन्हें अक्सर "थॉमस ईसाई" कहा जाता है, ने अपनी धार्मिक प्रथाओं में भारतीय संस्कृति के तत्वों को शामिल किया, जिसके परिणामस्वरूप एक अद्वितीय समन्वयवादी परंपरा का निर्माण हुआ। उदाहरण के लिए, सिरो-मालाबार कैथोलिक चर्च में, यूचरिस्टिक उत्सव हारमोनियम और तबला जैसे पारंपरिक भारतीय संगीत वाद्ययंत्रों के साथ मनाया

जाता है। भारतीय संगीत परंपराओं के साथ ईसाई पूजा का यह मिश्रण भारत में आस्था और संस्कृति के सामंजस्यपूर्ण सह-अस्तित्व का सिर्फ एक उदाहरण है।

धार्मिक विविधता

भारतीय ईसाई धर्म का धर्मशास्त्र इसके संप्रदायों की तरह ही विविध है। प्राचीन ईसाई फकीरों की रहस्यमय शिक्षाओं से लेकर आधुनिक भारतीय धर्मशास्त्रियों के धार्मिक प्रतिबिंबों तक, भारतीय ईसाई धर्म का बौद्धिक परिदृश्य समृद्ध और विविध है। ब्रह्मबांधब उपाध्याय जैसे विद्वान, जिन्होंने ईसाई धर्म को हिंदू धर्म के साथ समेटने की कोशिश की, और डी. टी. नाइल्स जैसे धर्मशास्त्री, जिन्होंने विश्वव्यापी आंदोलन में महत्वपूर्ण भूमिका निभाई, ने भारतीय ईसाई धर्म के भीतर धार्मिक प्रवचन पर एक स्थायी प्रभाव छोड़ा है।

एक जीवित इतिहास

भारत में ईसाई धर्म की शुरुआत का पता लगाने में, हमें आस्था, संस्कृति और इतिहास के धागों से बुनी हुई एक टेपेस्ट्री मिलती है। प्रारंभिक शताब्दियों में उभरे ईसाई समुदायों ने न केवल अपनी प्राचीन परंपराओं को संरक्षित किया है, बल्कि भारत के सामाजिक, शैक्षिक और सांस्कृतिक ताने-बाने में भी महत्वपूर्ण योगदान दिया है। जैसे-जैसे हम इस यात्रा में गहराई से उतरते हैं, हम भारतीय ईसाइयों द्वारा सामना की गई ऐतिहासिक चुनौतियों और विजय, भारतीय समाज में उनके स्थायी योगदान और उनकी कहानी को आकार देने वाले उल्लेखनीय व्यक्तियों का पता लगाएंगे। इसके बाद के अध्याय "विश्वास में सद्भाव: भारत का ईसाई समुदाय" की समृद्ध टेपेस्ट्री को प्रकट करेंगे।

2

ऐतिहासिक चुनौतियाँ और विजय

प्रारंभिक चुनौतियाँ

भारत में ईसाई धर्म का इतिहास, किसी भी दीर्घकालिक आस्था परंपरा की तरह, चुनौतियों और विजय दोनों से चिह्नित है। अपने प्रारंभिक वर्षों में, भारतीय ईसाइयों को सांस्कृतिक मतभेदों, धार्मिक तनावों और बाहरी दबावों सहित विभिन्न बाधाओं का सामना करना पड़ा।

- **सांस्कृतिक अंतर:** भारतीय ईसाई धर्म की समन्वित प्रकृति ने समृद्ध होने के साथ-साथ अद्वितीय चुनौतियाँ भी पैदा कीं। ईसाई प्रथाओं के साथ भारतीय रीति-रिवाजों के मिश्रण ने कभी-कभी समुदाय के भीतर तनाव पैदा किया और विश्वास की शुद्धता पर सवाल उठाए।
- **धार्मिक तनाव :** भारत में अन्य धार्मिक परंपराओं, जैसे हिंदू धर्म, बौद्ध धर्म और जैन धर्म के साथ बातचीत ने अक्सर धार्मिक बहस और चर्चा को जन्म दिया। इन अंतःक्रियाओं ने भारत में ईसाई धर्म को समझने और उसका अभ्यास करने के तरीके को आकार दिया।
- **बाहरी दबाव:** भारतीय इतिहास के विभिन्न कालखंडों के दौरान, बाहरी शक्तियों और उपनिवेशवादियों ने देश पर अपना प्रभाव डाला, जिससे धार्मिक गतिशीलता प्रभावित हुई। 15वीं शताब्दी में यूरोपीय उपनिवेशवादियों, विशेषकर पुर्तगालियों का आगमन, भारतीय ईसाइयों के लिए अवसर और चुनौतियाँ दोनों लेकर आया।

औपनिवेशिक काल

भारतीय ईसाई धर्म के इतिहास में औपनिवेशिक काल एक महत्वपूर्ण समय था। यूरोपीय शक्तियों, विशेषकर पुर्तगाली और बाद में ब्रिटिशों का ईसाई समुदाय पर गहरा प्रभाव पड़ा।

- **पुर्तगाली प्रभाव:** 15वीं शताब्दी के अंत में वास्को डी गामा के नेतृत्व में पुर्तगाली भारत पहुंचे। उन्होंने बस्तियाँ स्थापित कीं और रोमन कैथोलिक धर्म का प्रसार करने का प्रयास किया। इस अवधि में गोवा जैसे क्षेत्रों में पुर्तगाली और भारतीय संस्कृति का मिश्रण देखा गया, जिसके परिणामस्वरूप एक अनूठी ईसाई परंपरा का जन्म हुआ।

चित्र .5

- **ब्रिटिश प्रभाव:** 17वीं सदी में ब्रिटिश ईस्ट इंडिया कंपनी के आगमन के साथ, प्रोटेस्टेंटवाद को प्रमुखता मिली। अंग्रेजों ने धार्मिक स्वतंत्रता की अनुमति दी, जिससे विभिन्न ईसाई संप्रदायों को पनपने का मौका मिला।

चित्र .6

- **भारतीय ईसाई नेता:** पूरे इतिहास में, भारतीय ईसाई नेताओं ने चुनौतियों का समाधान करने और अपने समुदायों के विकास को बढ़ावा देने में महत्वपूर्ण भूमिका निभाई है। कुरियाकोस एलियास चवारा, जिन्होंने शिक्षा और सामाजिक सुधार में योगदान दिया, और समाज सुधारक और महिलाओं के अधिकारों की वकालत करने वाली पंडिता रमाबाई जैसी हस्तियों ने भारतीय ईसाई धर्म पर अमिट छाप छोड़ी।

चित्र .7

- **सार्वभौम आंदोलन:** भारतीय ईसाइयों ने विभिन्न ईसाई संप्रदायों के बीच एकता और सहयोग को बढ़ावा देते हुए, विश्वव्यापी आंदोलनों में सक्रिय रूप से भाग लिया। डी. टी. नाइल्स और अब्राहम मालपन जैसी शख्सियतों ने ईसाई एकता के उद्देश्य को आगे बढ़ाने में महत्वपूर्ण भूमिका निभाई।

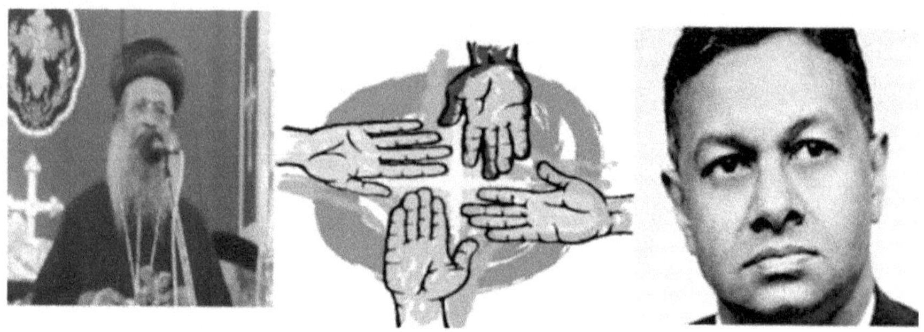

चित्र .8

- **विश्वास की जीत:** चुनौतियों के बावजूद, भारतीय ईसाइयों ने राष्ट्र के लिए उल्लेखनीय योगदान दिया है। वे शिक्षा, स्वास्थ्य सेवा और सामाजिक सुधार में सबसे आगे रहे हैं। ईसाई मिशनरियों और संगठनों ने समाज के लिए सेवा की एक स्थायी विरासत छोड़कर स्कूल, कॉलेज, अस्पताल और अनाथालयों की स्थापना की है। भारतीय ईसाई धर्म में ऐतिहासिक चुनौतियों और विजय की कहानी समुदाय के लचीलेपन और विश्वास का प्रमाण है। यह एक अनुस्मारक है कि आस्था, जब भारत के इतिहास की विविध टेपेस्ट्री के साथ जुड़ जाती है, तो विकसित और विकसित होती रहती है। जैसे-जैसे हम "विश्वास में सद्भाव: भारत का ईसाई समुदाय" की इस खोज के माध्यम से आगे बढ़ेंगे, हम भारतीय समाज में ईसाई धर्म की बहुमुखी भूमिका, शिक्षा और स्वास्थ्य देखभाल पर इसके प्रभाव और ईसाई योगदान की स्थायी विरासत के बारे में गहराई से जानेंगे। आगे के अध्याय इतिहास, आस्था और सेवा की समृद्ध छवि का अनावरण करेंगे।

3

भारतीय समाज में ईसाई धर्म की भूमिका

शिक्षा का एक स्तंभ

भारत में ईसाई समुदाय का सबसे महत्वपूर्ण योगदान शिक्षा के क्षेत्र में रहा है। ईसाई मिशनरियों और संस्थानों ने पूरे देश में साक्षरता और ज्ञान फैलाने में महत्वपूर्ण भूमिका निभाई है।

- **मिशनरी स्कूल और कॉलेज:** ईसाई मिशनरियों ने पूरे भारत में स्कूलों और कॉलेजों का एक नेटवर्क स्थापित किया, जो सभी पृष्ठभूमि के छात्रों को गुणवत्तापूर्ण शिक्षा प्रदान करता है। दिल्ली में सेंट स्टीफंस कॉलेज, चेन्नई में लोयोला कॉलेज और मुंबई में सेंट जेवियर्स कॉलेज जैसे संस्थान शिक्षा के प्रसिद्ध केंद्र बन गए हैं।

चित्र .9

- स्थानीय भाषाओं का प्रचारः ईसाई मिशनरियों ने स्थानीय भाषाओं के विकास और प्रचार में महत्वपूर्ण भूमिका निभाई। उन्होंने बाइबिल और अन्य ग्रंथों का क्षेत्रीय भाषाओं में अनुवाद किया, जिससे शिक्षा व्यापक दर्शकों के लिए सुलभ हो गई।

लड़कियों की शिक्षा पर जोर

ईसाई संस्थाएँ अक्सर उस समय लड़कियों की शिक्षा को बढ़ावा देने में सबसे आगे थीं जब इसे व्यापक रूप से प्रोत्साहित नहीं किया गया था। मैरी रॉय और मदर टेरेसा जैसे अग्रदूतों ने इस संबंध में महत्वपूर्ण योगदान दिया।

स्वास्थ्य सेवा और सामाजिक सेवाएँ

करुणा और सेवा के प्रति ईसाई धर्म की प्रतिबद्धता का उदाहरण स्वास्थ्य देखभाल और सामाजिक सेवाओं में इसकी व्यापक भागीदारी से मिलता है।

- **मिशन अस्पताल:** मिशन अस्पताल, जैसे वेल्लोर में क्रिश्चियन मेडिकल कॉलेज और बैंगलोर में सेंट जॉन मेडिकल कॉलेज, अक्सर वंचित आबादी को उच्च गुणवत्ता वाली चिकित्सा देखभाल प्रदान करते हैं। उन्होंने भारत के स्वास्थ्य सेवा बुनियादी ढांचे में महत्वपूर्ण योगदान दिया है।

चित्र.10

- **अनाथालय और पुनर्वास केंद्र:** ईसाई संगठनों ने निराश्रितों के लिए अनाथालय, पुनर्वास केंद्र और घर स्थापित किए हैं, जो जरूरतमंद लोगों को आश्रय, शिक्षा और सहायता प्रदान करते हैं।
- **आपदा राहत और सामुदायिक विकास:** प्राकृतिक आपदाओं और संकटों के समय, ईसाई गैर सरकारी संगठन और राहत संगठन त्वरित प्रतिक्रिया देते हुए प्रभावित समुदायों को सहायता, आश्रय और सहायता प्रदान करते रहे हैं।

अंतरधार्मिक संबंध

भारत में ईसाई धर्म हिंदू धर्म, इस्लाम, सिख धर्म और बौद्ध धर्म जैसे अन्य प्रमुख धर्मों के साथ सह-अस्तित्व में है। अंतरधार्मिक संबंध व्यापक भारतीय समाज के साथ ईसाई

समुदाय के जुड़ाव का एक महत्वपूर्ण पहलू रहे हैं।

- **संवाद एवं सहयोग:** ईसाई नेता और विद्वान विभिन्न धार्मिक समुदायों के बीच समझ और सद्भाव को बढ़ावा देने, अंतर-धार्मिक संवाद और सहयोग में लगे हुए हैं।
- **भारतीय संस्कृति में योगदान:** ईसाई धर्म ने भारतीय कला, संगीत और साहित्य में उल्लेखनीय योगदान दिया है। भारतीय कलात्मक परंपराओं के साथ ईसाई विषयों के मिश्रण ने देश की सांस्कृतिक विरासत को समृद्ध किया है।

सांस्कृतिक विनियमन

भारत में ईसाई धर्म ने न केवल भारतीय संस्कृति के तत्वों को अवशोषित किया है बल्कि बदले में इसे प्रभावित भी किया है। क्रिसमस का उत्सव, पश्चिमी शास्त्रीय संगीत की शुरूआत और अद्वितीय स्थापत्य शैली वाले चर्चों की स्थापना इस सांस्कृतिक आदान-प्रदान के उदाहरण हैं।

"अध्याय का निष्कर्ष, भारतीय समाज में ईसाई धर्म की भूमिका बहुआयामी है, जिसमें शिक्षा, स्वास्थ्य देखभाल, सामाजिक सेवाएं और अंतरधार्मिक संबंध शामिल हैं। सेवा और करुणा के प्रति ईसाई समुदाय की प्रतिबद्धता ने देश के विकास और सांस्कृतिक विविधता पर एक अमिट छाप छोड़ी है।"

4

ईसाई त्यौहार और परंपराएँ

क्रिसमसः

उत्सव का समय क्रिसमस निस्संदेह भारत में सबसे व्यापक रूप से मनाए जाने वाले ईसाई त्योहारों में से एक है, जिसे बड़े उत्साह और उत्साह के साथ मनाया जाता है। उत्सव कई सप्ताह पहले से शुरू हो जाते हैं, घरों और चर्चों को रंग-बिरंगी सजावट से सजाया जाता है।

- **मध्यरात्रि मिस्साः** क्रिसमस उत्सव का केंद्र मध्यरात्रि मास है, जहां ईसाई यीशु मसीह के जन्म का जश्न मनाने के लिए इकट्ठा होते हैं। देश भर के चर्च भजनों और प्रार्थनाओं से गूंजते हैं, जिससे एक शांत और आध्यात्मिक वातावरण बनता है।

चित्र .11

- **पारंपरिक व्यंजन:** भारत में क्रिसमस पारंपरिक मिठाइयों और व्यंजनों की एक मनोरम श्रृंखला लेकर आता है। इस मौसम में प्लम केक, गुलाब कुकीज़ और अप्पम (चावल पैनकेक) कुछ स्वादिष्ट व्यंजन हैं जिनका आनंद लिया जाता है।
- **केरॉल गान या मंगलाचरण गीत:** कैरोलिंग एक पोषित परंपरा है, जिसमें गायकों के समूह घरों और सार्वजनिक स्थानों पर जाते हैं, गीत के माध्यम से क्रिसमस की खुशियाँ फैलाते हैं। इन समारोहों में विभिन्न धर्मों के लोगों को शामिल होते देखना कोई असामान्य बात नहीं है।

चित्र .12

ईस्टर: पुनरुत्थान और नवीकरण

ईस्टर, ईसा मसीह के पुनरुत्थान का प्रतीक, पूरे भारत में मनाया जाने वाला एक और महत्वपूर्ण ईसाई त्योहार है।

- ईस्टर विजिल: क्रिसमस के दौरान मिडनाइट मास के समान, ईस्टर विजिल पवित्र शनिवार की रात को आयोजित किया जाता है। इसमें पास्कल मोमबत्ती की रोशनी शामिल है, जो अंधेरे पर प्रकाश की विजय का प्रतीक है।
- ईस्टर अंडे और मिठाइयाँ: क्रिसमस के दौरान मिडनाइट मास के समान, ईस्टर विजिल पवित्र शनिवार की रात को आयोजित किया जाता है। इसमें पास्कल मोमबत्ती की रोशनी शामिल है, जो अंधेरे पर प्रकाश की विजय का प्रतीक है।

अन्य ईसाई त्यौहार

क्रिसमस और ईस्टर के अलावा, भारत में विभिन्न ईसाई संप्रदाय कई प्रकार के त्योहार मनाते हैं जो उनकी परंपराओं के लिए अद्वितीय हैं। उदाहरण के लिए:

1. सिरो-मालाबार ईसाई सेंट थॉमस का पर्व और तीन राजाओं का पर्व मनाते हैं।
2. मलंकारा रूढ़िवादी ईसाई मैरी की मान्यता का पर्व और क्रॉस का पर्व मनाते हैं।
3. प्रोटेस्टेंट ईसाई सुधार दिवस और ऑल सेंट्स डे पर विशिष्ट उत्सव मना सकते हैं।

शादी की परंपराएँ

भारत में ईसाई शादियाँ पारंपरिक अनुष्ठानों और ईसाई रीति-रिवाजों के मिश्रण से चिह्नित होती हैं। प्रतिज्ञाओं का आदान-प्रदान, सफेद शादी की पोशाक पहनना और एक पुजारी द्वारा जोड़े को आशीर्वाद देना ईसाई विवाह समारोहों में सामान्य तत्व हैं।

तीर्थ

ईसाई धर्मस्थलों और पवित्र स्थलों की तीर्थयात्रा आस्था का एक अभिन्न अंग है। भारत में ईसाई अक्सर वेलनकन्नी जैसी जगहों की यात्रा पर निकलते हैं, जिन्हें 'पूरब का लूर्डेस' कहा जाता है, या चेन्नई में सेंट थॉमस माउंट, जिसे सेंट थॉमस की शहादत का स्थल माना जाता है।

"अध्याय का निष्कर्ष, भारत में ईसाई त्यौहार और परंपराएँ आस्था की गहरी जड़ें जमाए हुए हैं और देश की विविध संस्कृति के साथ इसके सामंजस्यपूर्ण एकीकरण का जीवंत प्रतिबिंब हैं। ये उत्सव न केवल ईसाई समुदाय को एकजुट करते हैं बल्कि अंतर-सांस्कृतिक साझाकरण और समझ के अवसर के रूप में भी काम करते हैं। "आस्था में सद्भाव: भारत का ईसाई समुदाय" के आगामी अध्यायों में हम प्रमुख ईसाई हस्तियों के जीवन और योगदान, ईसाई कला और वास्तुकला के प्रभाव, भारतीय ईसाइयों के सामने आने वाली समकालीन चुनौतियों और ईसाई धर्म के भविष्य का पता लगाएंगे। भारत।"

5

भारत में प्रमुख ईसाई हस्तियाँ

सेंट थॉमस द एपोस्टल

भारत में प्रमुख ईसाई हस्तियों की कोई भी चर्चा सेंट थॉमस द एपोस्टल से शुरू होनी चाहिए। उन्हें न केवल भारत में ईसाई धर्म लाने वाले के रूप में सम्मानित किया जाता है, बल्कि उन्हें भारत का संरक्षक संत भी माना जाता है। उनकी विरासत को देश के विभिन्न हिस्सों में मनाया जाता है, जिसमें चेन्नई में सेंट थॉमस माउंट और मुंबई में सेंट थॉमस कैथेड्रल शामिल हैं।

चित्र .13

सेंट मदर टेरेसा

मदर टेरेसा, जिनका जन्म एग्नेस गोंक्सा बोजाक्सीहु के नाम से हुआ, शायद आधुनिक ईसाई धर्म में सबसे प्रतिष्ठित शख्सियतों में से एक हैं। वह 1929 में कलकता (अब कोलकाता) पहुंचीं और अपना जीवन सबसे गरीब लोगों की सेवा के लिए समर्पित कर दिया। मिशनरीज़ ऑफ चैरिटी की स्थापना और कोलकाता की मलिन बस्तियों में उनके अथक काम ने उन्हें दुनिया भर में पहचान दिलाई और 1979 में नोबेल शांति पुरस्कार मिला।

चित्र .14

कुरियाकोस एलियास चावारा

कुरियाकोस एलियास चावारा 19वीं सदी के भारतीय ईसाई संत और समाज सुधारक थे। उन्होंने शैक्षिक और सामाजिक उत्थान में महत्वपूर्ण भूमिका निभाई, ऐसे स्कूलों और मठों की स्थापना की जो जाति या पंथ के बावजूद सभी के लिए शिक्षा पर ध्यान केंद्रित करते थे। शिक्षा और सामाजिक सुधार में उनका योगदान केरल और उसके बाहर प्रभाव डालता रहा

है।

चित्र.15

पंडिता रमाबाई

पंडिता रमाबाई महिला शिक्षा और सामाजिक सुधार के क्षेत्र में अग्रणी व्यक्ति थीं। उन्होंने निराश्रित महिलाओं और बच्चों के लिए मुक्ति मिशन की स्थापना की, और महिलाओं के अधिकारों और सशक्तिकरण के लिए एक मुखर वकील थीं।

चित्र .16

बिशप थॉमस डिसूजा

कलकता के रोमन कैथोलिक आर्चडियोज़ के आर्कबिशप, बिशप थॉमस डिसूजा, अंतरधार्मिक संवाद और सामाजिक न्याय के प्रति अपनी प्रतिबद्धता के लिए जाने जाते हैं। उन्होंने विभिन्न धार्मिक समुदायों के बीच समझ और सहयोग के पुल बनाने की दिशा में सक्रिय रूप से काम किया है।

चित्र .17

रेवरेंड वाल्सन थम्पू

रेवरेंड वाल्सन थम्पू एक प्रमुख धर्मशास्त्री और लेखक हैं जिन्हें ईसाई धर्मशास्त्र और अंतरधार्मिक संबंधों में उनके योगदान के लिए जाना जाता है। उन्होंने दिल्ली में सेंट स्टीफंस कॉलेज के प्रिंसिपल के रूप में कार्य किया और भारत में समकालीन धार्मिक प्रवचन में एक अग्रणी आवाज रहे हैं।

चित्र .18

"अध्याय का निष्कर्ष, ये कई प्रमुख ईसाई हस्तियों में से कुछ हैं जिन्होंने भारत में ईसाई समुदाय और पूरे देश पर एक अमिट छाप छोड़ी है। उनका जीवन और योगदान सेवा, करुणा और सामाजिक न्याय की ईसाई भावना के उदाहरण हैं। "आस्था में सद्भाव: भारत का ईसाई समुदाय" के आगामी अध्यायों में हम ईसाई कला और वास्तुकला, भारतीय ईसाइयों के सामने आने वाली समकालीन चुनौतियों और भारत में ईसाई धर्म के भविष्य का पता लगाएंगे।"

6

भारत में ईसाई कला और वास्तुकला

ईसाई वास्तुकला की विविधता

भारत में ईसाई धर्म स्थापत्य शैली की समृद्ध टेपेस्ट्री का दावा करता है, जो देश की सांस्कृतिक और क्षेत्रीय विविधता को दर्शाता है। ईसाई चर्च और इमारतें पश्चिमी और भारतीय वास्तुशिल्प प्रभावों का मिश्रण प्रदर्शित करती हैं।

- **गॉथिक पुनरुद्धार:** भारत में कई ईसाई चर्च, विशेष रूप से औपनिवेशिक काल के दौरान निर्मित, गोथिक पुनरुद्धार वास्तुकला का प्रदर्शन करते हैं। इन चर्चों की विशेषता उनके नुकीले मेहराब, रिब्ड वॉल्ट और जटिल रंगीन ग्लास खिड़कियां हैं। मुंबई में सेंट थॉमस कैथेड्रल इस शैली का एक प्रमुख उदाहरण है।

चित्र.19

- **भारत-पुर्तगाली प्रभाव:** गोवा जैसे राज्यों में, जहां पुर्तगाली प्रभाव मजबूत था, आपको इंडो-पुर्तगाली वास्तुकला वाले चर्च मिलेंगे। ये संरचनाएं यूरोपीय डिजाइन तत्वों को भारतीय रूपांकनों के साथ जोड़ती हैं, जिसके परिणामस्वरूप एक अद्वितीय वास्तुशिल्प संलयन होता है।

चित्र .20

- **पारंपरिक भारतीय शैलियाँ:** केरल में, आप पारंपरिक भारतीय स्थापत्य शैली वाले चर्च पा सकते हैं। इन चर्चों में अक्सर ढलान वाली छतें, लकड़ी की नक्काशी और जटिल भित्तिचित्र होते हैं। केरल में सेंट मैरी फोरेन चर्च इस शैली का एक उत्कृष्ट उदाहरण है।

चित्र .21

ईसाई कला और प्रतिमा विज्ञान

भारत में ईसाई कला में शैलियों और माध्यमों की एक विस्तृत श्रृंखला शामिल है। चर्चों और घरों को सजाने वाली धार्मिक पेंटिंग और मूर्तियों के साथ, आइकनोग्राफी एक महत्वपूर्ण भूमिका निभाती है।

- **प्रतीक और भित्ति चित्र:** रेवरेंड वाल्सन थम्पू एक प्रमुख धर्मशास्त्री और लेखक हैं जिन्हें ईसाई धर्मशास्त्र और अंतरधार्मिक संबंधों में उनके योगदान के लिए जाना जाता है। उन्होंने दिल्ली में सेंट स्टीफंस कॉलेज के प्रिंसिपल के रूप में कार्य किया और भारत में समकालीन धार्मिक प्रवचन में एक अग्रणी आवाज रहे हैं।

चित्र .22

- **ईसाई संगीत और भजन:** भारत में ईसाई धर्म ने भी संगीत के क्षेत्र में योगदान दिया है। भजन, गाना बजानेवालों का संगीत और कैरोल ईसाई पूजा का एक अभिन्न अंग हैं। कई भारतीय ईसाइयों ने ऐसे भजनों और गीतों की रचना की है जो पश्चिमी संगीत परंपराओं को भारतीय धुनों के साथ मिश्रित करते हैं।

चित्र .23

ईसाई कारीगरों की विरासत

कुशल ईसाई कारीगरों ने धार्मिक कलाकृतियों और वास्तुशिल्प चमत्कारों को बनाने में महत्वपूर्ण भूमिका निभाई है। उनकी शिल्प कौशल ने भारतीय ईसाई विरासत पर एक अमिट छाप छोड़ी है। जटिल नक्काशीदार लकड़ी की वेदियों से लेकर अलंकृत रंगीन कांच की खिड़कियों तक, उनका काम आस्था और कलात्मकता के मिश्रण का प्रमाण है।

चित्र .24

"अध्याय का निष्कर्ष, भारत में ईसाई कला और वास्तुकला आस्था और संस्कृति के सामंजस्यपूर्ण सह-अस्तित्व का उदाहरण है। ये कलात्मक अभिव्यक्तियाँ न केवल पूजा स्थलों के रूप में बल्कि ऐतिहासिक और सांस्कृतिक स्थलों के रूप में भी काम करती हैं। "आस्था में सद्भाव: भारत का ईसाई समुदाय" के आगामी अध्यायों में हम भारतीय ईसाइयों के सामने आने वाली समकालीन चुनौतियों, शिक्षा और स्वास्थ्य देखभाल में उनके योगदान और अंतर-धार्मिक संबंधों में उनकी भूमिका का पता लगाएंगे। इसके अतिरिक्त, हम भारत में ईसाई धर्म के भविष्य पर चर्चा करेंगे, इस गतिशील और विविध समुदाय की एक व्यापक तस्वीर चित्रित करना जारी रखेंगे।"

7

समसामयिक चुनौतियाँ और विजय

भारतीय ईसाइयों के सामने चुनौतियाँ

जबकि भारत में ईसाई समुदाय का एक समृद्ध इतिहास है और उसने राष्ट्र के लिए महत्वपूर्ण योगदान दिया है, इसने समकालीन चुनौतियों का भी सामना किया है। इन चुनौतियों में शामिल हैं:

- धार्मिक असहिष्णुता: हाल के वर्षों में, भारत के कुछ क्षेत्रों में ईसाइयों के खिलाफ धार्मिक असहिष्णुता और हिंसा की घटनाएं सामने आई हैं। इन घटनाओं ने ईसाई समुदाय की सुरक्षा को लेकर चिंता बढ़ा दी है।

- धर्मांतरण विवाद: धर्मांतरण गतिविधियां, विशेष रूप से धार्मिक रूपांतरण से जुड़ी गतिविधियां, विवाद और बहस का विषय रही हैं। कुछ समूहों ने धर्मांतरण के प्रयासों पर आपत्ति जताई है, जिससे तनाव और संघर्ष पैदा हुआ है।

- कानूनी मुद्दे: कानूनों और विनियमों में बदलाव ने कभी-कभी स्कूलों और कॉलेजों सहित ईसाई संस्थानों को प्रभावित किया है। संपत्ति और प्रबंधन से संबंधित मुद्दों पर कानूनी विवाद उत्पन्न हो गए हैं।

विजय और लचीलापन

इन चुनौतियों के बावजूद, भारत में ईसाई समुदाय ने उल्लेखनीय लचीलापन दिखाया है और विभिन्न तरीकों से देश में सकारात्मक योगदान देना जारी रखा है:

- **शिक्षा और स्वास्थ्य सेवा:** ईसाई शैक्षणिक संस्थान और अस्पताल गुणवत्तापूर्ण शिक्षा और स्वास्थ्य सेवाएँ प्रदान करने में सबसे आगे रहते हैं। वे लाखों भारतीयों के जीवन पर प्रभाव डालते रहते हैं।

- **अंतरधार्मिक पहल:** कई ईसाई संगठन अंतरधार्मिक संवाद और सहयोग में सक्रिय रूप से भाग लेते हैं, विभिन्न धार्मिक समुदायों के बीच समझ और सद्भाव को बढ़ावा देने के लिए काम करते हैं।

- **सामाजिक सेवाएँ:** ईसाई धर्मार्थ संस्थाएँ और गैर सरकारी संगठन गरीबी उन्मूलन, आपदा राहत और सामुदायिक विकास सहित सामाजिक सेवाओं की एक विस्तृत श्रृंखला में लगे हुए हैं। उनका काम जरूरतमंदों की मदद के लिए हाथ बढ़ाता है।

परिवर्तन की आवाजें

भारतीय ईसाई भी सामाजिक न्याय और समानता की वकालत करने में सहायक रहे हैं। डॉ. जॉन अब्राहम, जिन्होंने दलित ईसाइयों से संबंधित मुद्दों पर काम किया, और डॉ. सैमुअल कोबिया, जिन्होंने विश्व चर्च परिषद के महासचिव के रूप में कार्य किया, जैसी हस्तियों ने महत्वपूर्ण सामाजिक और धार्मिक प्रश्न उठाए हैं।

चित्र .25

"अध्याय का निष्कर्ष, भारत में ईसाई समुदाय एक विविध और बहुलवादी समाज की जटिलताओं से जूझ रहा है। चुनौतियों का सामना करते हुए, यह प्रेम, सेवा और विश्वास के अपने मूल मूल्यों के प्रति प्रतिबद्ध है। शिक्षा, स्वास्थ्य देखभाल और सामाजिक सेवाओं के क्षेत्र में इसका योगदान भारतीय समाज पर सकारात्मक प्रभाव डाल रहा है। "आस्था में सद्भाव: भारत का ईसाई समुदाय" के आगामी अध्यायों में हम ईसाई संगीत और साहित्य, संस्थानों और संगठनों और भारत में ईसाई धर्म के भविष्य पर चर्चा करेंगे। ये अध्याय भारत में ईसाई विरासत की गतिशील और विकसित प्रकृति के बारे में और अंतर्दृष्टि प्रदान करेंगे।"

8

भारत में ईसाई संगीत और साहित्य

संगीत परंपराएँ

भारत में ईसाई संगीत पश्चिमी भजन संगीत और भारतीय संगीत परंपराओं का एक जीवंत मिश्रण है। यह पूजा और सामुदायिक जीवन में महत्वपूर्ण भूमिका निभाता है।

- भजन और सामूहिक संगीत भजन भारत में ईसाई पूजा का एक अभिन्न अंग हैं। हारमोनियम और तबला जैसे पारंपरिक भारतीय वाद्ययंत्रों के साथ भजन गाने के लिए मंडली एकत्रित होती है। भारतीय संगीत तत्वों के साथ पश्चिमी भजनों का मिश्रण एक अद्वितीय संगीत अनुभव पैदा करता है।

- गायक मंडली और कैरोलिंग चर्च के गायक मंडल पूजा के अनुभव को बढ़ाने में महत्वपूर्ण भूमिका निभाते हैं। क्रिसमस और ईस्टर जैसे त्योहारी सीज़न के दौरान, गायक मंडलियाँ विशेष संगीत कार्यक्रम प्रस्तुत करती हैं, जो खुशी और आशा का संदेश फैलाती हैं। क्रिसमस के दौरान स्थानीय भाषाओं में कैरोल बजाना एक पोषित परंपरा है।

- सुसमाचार संगीत हाल के वर्षों में, गॉस्पेल संगीत ने भारत में, विशेषकर युवाओं के बीच लोकप्रियता हासिल की है। यह ईसाई विषयों को समकालीन संगीत शैलियों के साथ जोड़ता है और अक्सर ईसाई कार्यक्रमों और समारोहों में इसका प्रदर्शन किया जाता है।

चित्र .26

ईसाई साहित्य

भारत में ईसाई साहित्य विविध है, जिसमें कई शैलियाँ और भाषाएँ शामिल हैं।

- बाइबिल अनुवाद साहित्य में भारतीय ईसाइयों के शुरुआती योगदानों में से एक बाइबिल का विभिन्न भारतीय भाषाओं में अनुवाद था। इसने ईसाई धर्मग्रंथ को व्यापक दर्शकों के लिए सुलभ बना दिया।

- धार्मिक कार्य भारतीय ईसाई धर्मशास्त्रियों ने धार्मिक कार्यों का निर्माण किया है जो भारतीय संस्कृति और आध्यात्मिकता द्वारा प्रस्तुत अद्वितीय चुनौतियों और प्रश्नों से जुड़े हैं। ये लेख वैश्विक धार्मिक प्रवचन में योगदान देते हैं।

क्रिश्चियन फिक्शन और नॉन-फिक्शन

भारत में ईसाई लेखकों ने काल्पनिक और गैर-काल्पनिक दोनों तरह की रचनाएँ लिखी हैं जो आस्था, पहचान और सामाजिक न्याय के विषयों का पता लगाती हैं। इनमें से कुछ पुस्तकों ने न केवल ईसाई समुदाय के भीतर बल्कि व्यापक पाठकों के बीच भी मान्यता प्राप्त की है।

"अध्याय का निष्कर्ष, भारत में ईसाई संगीत और साहित्य पूजा, चिंतन और सांस्कृतिक अभिव्यक्ति के लिए महत्वपूर्ण उपकरण के रूप में काम करते हैं। वे भारत में ईसाई धर्म की गतिशील प्रकृति को दर्शाते हैं, जहां आस्था विविध सांस्कृतिक और भाषाई परिदृश्य के साथ प्रतिध्वनित होने के अनूठे तरीके ढूंढती है। "आस्था में सद्भाव: भारत का ईसाई समुदाय" के आगामी अध्यायों में हम विभिन्न ईसाई संस्थानों और संगठनों, समाज में उनके योगदान और भारत में ईसाई धर्म के भविष्य के बारे में विस्तार से बताएंगे। ये अध्याय इस विविध और विकसित राष्ट्र में ईसाई विरासत की बहुमुखी प्रकृति पर प्रकाश डालते रहेंगे।"

9

ईसाई संस्थाएँ और संगठन

शिक्षण संस्थानों

ईसाई धर्म ने भारत में शिक्षा में महत्वपूर्ण भूमिका निभाई है, ईसाई संस्थानों ने देश के शैक्षिक परिदृश्य में महत्वपूर्ण योगदान दिया है।

- **स्कूल और कॉलेज:** ईसाई स्कूल और कॉलेज अपनी शैक्षणिक उत्कृष्टता और समग्र विकास पर जोर देने के लिए प्रसिद्ध हैं। मुंबई में सेंट जेवियर्स कॉलेज, दिल्ली में सेंट स्टीफंस कॉलेज और चेन्नई में लोयोला कॉलेज जैसे संस्थानों ने विभिन्न क्षेत्रों में नेताओं की पीढ़ियों को तैयार किया है।

चित्र .27

- **विश्वविद्यालय और अनुसंधान केंद्र:** शैक्षणिक और वैज्ञानिक प्रगति को बढ़ावा देने के लिए कई ईसाई विश्वविद्यालय और अनुसंधान केंद्र स्थापित किए गए हैं। बैंगलोर में क्राइस्ट यूनिवर्सिटी और पुणे में ज्ञान-दीप विद्यापीठ जैसे संस्थानों ने उच्च शिक्षा में उल्लेखनीय योगदान दिया है।

चित्र .28

स्वास्थ्य सेवा संस्थान

भारत में ईसाई संगठन जरूरतमंद समुदायों को स्वास्थ्य सेवाएँ प्रदान करने में अग्रणी रहे हैं।

- **अस्पताल और क्लिनिक:** मिशन अस्पताल, जैसे वेल्लोर में क्रिश्चियन मेडिकल कॉलेज और बैंगलोर में सेंट जॉन मेडिकल कॉलेज, अपनी चिकित्सा विशेषज्ञता और दयालु देखभाल के प्रति प्रतिबद्धता के लिए प्रसिद्ध हैं। वे अनगिनत रोगियों के लिए जीवन रेखा के रूप में काम करते हैं।

- **ग्रामीण स्वास्थ्य देखभाल पहल:** ईसाई संगठन ग्रामीण स्वास्थ्य देखभाल पहल भी चलाते हैं, चिकित्सा सेवाओं, स्वास्थ्य शिक्षा और रोग निवारण कार्यक्रमों के साथ दूरदराज और कम सेवा वाले क्षेत्रों तक पहुंचते हैं।

धर्मार्थ और सामाजिक सेवा

संगठनों भारत में ईसाई दान और गैर सरकारी संगठन विभिन्न धर्मार्थ और सामाजिक सेवा गतिविधियों में गहराई से शामिल हैं।

- **अनाथालय और घर:** ईसाई संगठन अनाथालयों, निराश्रित बच्चों के लिए घर और बेघरों के लिए आश्रय स्थल संचालित करते हैं, कमजोर आबादी को देखभाल, शिक्षा और सहायता प्रदान करते हैं।

- **सामाजिक न्याय की वकालत:** कई ईसाई संगठन सकारात्मक सामाजिक परिवर्तन में योगदान करते हुए सामाजिक न्याय, लैंगिक समानता और हाशिए पर रहने वाले समुदायों के अधिकारों की वकालत करने में सक्रिय रूप से लगे हुए हैं।

अंतरधार्मिक और विश्वव्यापी पहल

भारत में ईसाई संस्थान और संगठन अक्सर अंतरधार्मिक और विश्वव्यापी प्रयासों में भाग लेते हैं, जो विभिन्न धार्मिक समुदायों के बीच समझ, सहिष्णुता और सहयोग को बढ़ावा देने के लिए काम करते हैं।

> "अध्याय का निष्कर्ष, भारत में ईसाई संस्थान और संगठन सेवा और करुणा के स्तंभ हैं, जो शिक्षा, स्वास्थ्य देखभाल और सामाजिक कल्याण में महत्वपूर्ण योगदान देते हैं। उनका काम धार्मिक सीमाओं से परे, जीवन के सभी क्षेत्रों के लोगों के जीवन को प्रभावित करता है। "आस्था में सद्भाव: भारत का ईसाई समुदाय" के आगामी अध्यायों में हम भारतीय ईसाइयों के सामने आने वाली समकालीन चुनौतियों, अंतर-धार्मिक संबंधों को बढ़ावा देने में उनकी भूमिका और भारत में ईसाई धर्म के भविष्य का पता लगाएंगे। ये अध्याय इस विविधतापूर्ण राष्ट्र में ईसाई विरासत की गतिशील और लचीली प्रकृति पर प्रकाश डालते रहेंगे।"

10

अंतरधार्मिक संबंध और सद्भाव

धर्मों का सहअस्तित्व

भारत अपनी धार्मिक विविधता के लिए जाना जाने वाला देश है, जहाँ विभिन्न धर्मों के अनुयायी सदियों से एक साथ रहते हैं। भारत में ईसाई समुदाय ने अंतरधार्मिक संबंधों को बढ़ावा देने और धार्मिक सद्भाव को बढ़ावा देने में महत्वपूर्ण भूमिका निभाई है।

चित्र.29

संवाद और सहयोग

- **अंतरधार्मिक संवाद:** भारतीय ईसाई सक्रिय रूप से अंतरधार्मिक संवाद में लगे हुए हैं, अन्य धर्मों के सदस्यों के साथ सामान्य आधार और समझ की तलाश कर रहे हैं। इन संवादों से आपसी सम्मान और सहयोग को बढ़ावा मिला है।

चित्र . 30

- **सहयोगात्मक पहल:** अंतरधार्मिक सहयोग संवाद से आगे तक फैला हुआ है। भारत में ईसाई अक्सर गरीबी उन्मूलन से लेकर आपदा राहत तक विभिन्न सामाजिक और मानवीय पहलों पर विभिन्न धर्मों के लोगों के साथ काम करते हैं।

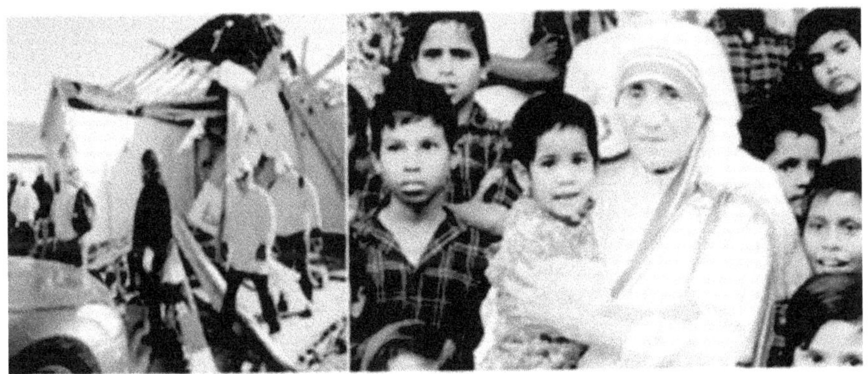

चित्र . 31

साझा त्यौहार एवं उत्सव

- दिवाली: कई ईसाई समुदाय अपने हिंदू पड़ोसियों के साथ सद्भावना और एकजुटता के संकेत के रूप में दीपक और मोमबत्तियाँ जलाकर, रोशनी के हिंदू त्योहार, दिवाली.

चित्र . 32

• ईदः ईद के दौरान, ईसाई अक्सर अपने मुस्लिम दोस्तों द्वारा आयोजित समारोहों और दावतों में शामिल होते हैं, जिससे दोस्ती और एकता के बंधन मजबूत होते हैं।

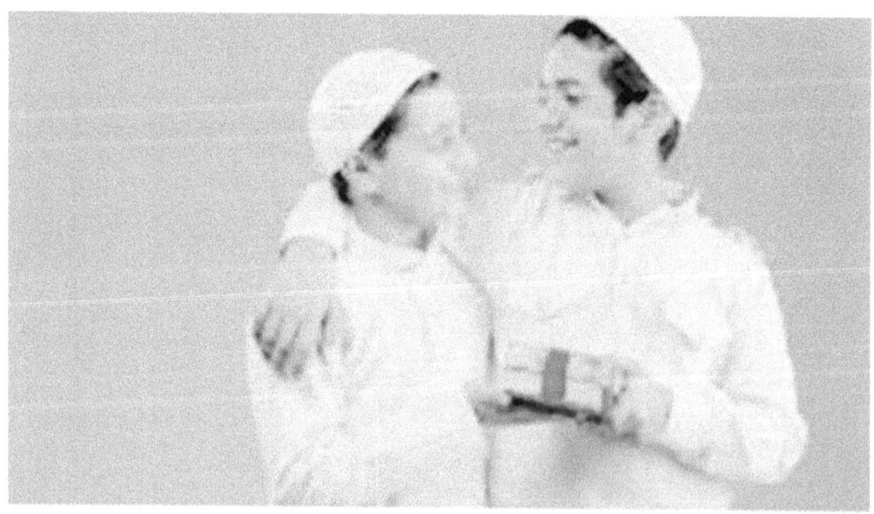

चित्र . 33

अंतरधार्मिक संगठन

भारत में कई संगठन और आंदोलन अंतरधार्मिक समझ और सहयोग को बढ़ावा देने के लिए समर्पित हैं। इनमें विश्व धर्म संसद, संयुक्त धर्म पहल और विभिन्न स्थानीय अंतरधार्मिक परिषदें और समूह शामिल हैं।

चुनौतियाँ और संकल्प

हालाँकि भारत में अंतरधार्मिक संबंध आम तौर पर सौहार्दपूर्ण हैं, फिर भी तनाव और संघर्ष की घटनाएं सामने आई हैं। भारतीय ईसाइयों ने इन चुनौतियों से निपटने और शांतिपूर्ण समाधान की दिशा में काम करने में महत्वपूर्ण भूमिका निभाई है।

"अध्याय का निष्कर्ष, भारत में ईसाई समुदाय धार्मिक सद्भाव और सह-अस्तित्व का एक महत्वपूर्ण समर्थक रहा है। अंतरधार्मिक संबंधों में इसका योगदान देश में विविध धार्मिक समुदायों के बीच व्याप्त एकता और सहिष्णुता की भावना के प्रमाण के रूप में काम करता है।"

11

भारत में ईसाई धर्म का भविष्य

विकास की गतिशीलता

भारत में ईसाई धर्म का भविष्य कई गतिशीलताओं द्वारा चिह्नित है जो इसके विकास और विकास को आकार देते हैं।

- **जनसांख्यिकीय परिवर्तन:** धार्मिक जनसांख्यिकी में बदलाव के साथ भारत की जनसंख्या लगातार बदल रही है। जबकि ईसाई आबादी अल्पसंख्यक बनी हुई है, इसकी वृद्धि जन्म दर और रूपांतरण से प्रभावित है।

- **शहरीकरण:** भारत में शहरीकरण बढ़ रहा है, अधिक लोग शहरों की ओर जा रहे हैं। शहरी क्षेत्रों में अक्सर अधिक धार्मिक विविधता देखी जाती है और बड़ी संख्या में ईसाई समुदाय रहते हैं।

- **युवा जुड़ाव:** भारत में ईसाई धर्म के भविष्य के लिए युवाओं का जुड़ाव महत्वपूर्ण है। युवा ईसाइयों को बनाए रखने और आकर्षित करने में युवा मंत्रालय और कार्यक्रम तेजी से महत्वपूर्ण होते जा रहे हैं।

विश्वव्यापी आंदोलन

भारत में ईसाई संप्रदाय आपस में अधिक एकता और सहयोग की तलाश में विश्वव्यापी आंदोलनों में भाग लेना जारी रखते हैं। इन आंदोलनों का लक्ष्य आम चुनौतियों का समाधान करना और आम भलाई के लिए मिलकर काम करना है।

सामाजिक अनुबंध

भारतीय ईसाई सामाजिक जुड़ाव और सेवा के लिए प्रतिबद्ध हैं। उनके शिक्षा, स्वास्थ्य देखभाल और धर्मार्थ गतिविधियों में महत्वपूर्ण भूमिका निभाते रहने की संभावना है।

चुनौतियाँ और अवसर

भारत में ईसाई धर्म का भविष्य चुनौतियाँ और अवसर दोनों प्रस्तुत करता है:

- **धार्मिक तनाव:** चल रहे धार्मिक तनाव और असहिष्णुता की घटनाएं ईसाई समुदाय के लिए चुनौतियां खड़ी कर सकती हैं।

- **कानूनी मुद्दे:** संपत्ति, प्रबंधन और धार्मिक रूपांतरण से संबंधित कानूनी विवाद और चुनौतियाँ जटिल और लंबी हो सकती हैं।

- **सांस्कृतिक परिदृश्य में बदलाव:** जैसे-जैसे भारत आधुनिक हो रहा है, ईसाई समुदाय को इस सवाल का सामना करना पड़ सकता है कि विकसित हो रहे सांस्कृतिक मानदंडों के साथ कैसे तालमेल बिठाया जाए।

अवसर

- **अंतरधार्मिक सहयोग:** अंतरधार्मिक सहयोग और संवाद के अवसर धार्मिक समुदायों के बीच समझ और सद्भाव को बढ़ावा दे सकते हैं।

- **युवा जुड़ाव:** युवा ईसाइयों को शामिल करना और सशक्त बनाना समुदाय को सशक्त बना सकता है और इसकी निरंतरता सुनिश्चित कर सकता है।

- वैश्विक संबंध: ईसाई धर्म की वैश्विक प्रकृति दुनिया भर के ईसाई समुदायों से सहयोग और समर्थन के अवसर प्रदान करती है।

"अध्याय का निष्कर्ष, भारत में ईसाई धर्म का भविष्य जनसांख्यिकीय परिवर्तन, सामाजिक जुड़ाव और विश्वव्यापी प्रयासों की गतिशील परस्पर क्रिया द्वारा चिह्नित है। हालाँकि चुनौतियाँ मौजूद हैं, भारत में ईसाई समुदाय के पास लचीलेपन और सेवा की एक समृद्ध विरासत है जो उसके आगे के मार्ग को आकार देती रहेगी। "आस्था में सद्भाव: भारत का ईसाई समुदाय" के आगामी अध्यायों में हम समाज में भारतीय ईसाइयों की उभरती भूमिका, संस्कृति और कला में उनके योगदान और उनके विश्वास और सेवा की स्थायी विरासत का पता लगाएंगे।"

12

ईसाई समुदाय का सांस्कृतिक योगदान

भारतीय संस्कृति को समृद्ध करना

भारत में ईसाई धर्म ने महत्वपूर्ण सांस्कृतिक योगदान दिया है जो राष्ट्र की विविध सांस्कृतिक टेपेस्ट्री के साथ इसके संलयन को दर्शाता है।

- **संगीत और नृत्य:** ईसाई भजन, कैरोल और कोरल संगीत ने भारतीय संगीत पर एक अमिट छाप छोड़ी है। भारतीय धुनों के साथ पश्चिमी संगीत शैलियों के मिश्रण से एक अनूठी संगीत परंपरा का निर्माण हुआ है। ईसाई समुदायों ने भी भारतीय नृत्य रूपों को अपनी पूजा में शामिल किया है, जिससे आस्था और कला का एक सुंदर संश्लेषण हुआ है।

चित्र .30

• **साहित्य और कविता:** भारत में ईसाई लेखकों और कवियों ने ऐसी कृतियों का निर्माण किया है जो आस्था, पहचान और आध्यात्मिकता के विषयों पर आधारित हैं। इनमें से कुछ साहित्यिक कृतियाँ व्यापक भारतीय साहित्यिक सिद्धांत का हिस्सा बन गई हैं।

चित्र . 31

कला और वास्तुकला

ईसाई चर्चों और संस्थानों ने भारतीय कला और वास्तुकला में योगदान दिया है। चर्चों की वास्तुकला, सना हुआ ग्लास खिड़कियों का डिज़ाइन, और धार्मिक कलाकृति का निर्माण सभी पश्चिमी और भारतीय सौंदर्यशास्त्र के सामंजस्यपूर्ण मिश्रण को प्रदर्शित करते हैं।

स्वदेशी संस्कृतियों का संरक्षण

भारत में ईसाई धर्म ने स्वदेशी समुदायों की सांस्कृतिक विरासत को संरक्षित और दस्तावेजीकरण करने में भी भूमिका निभाई है। मिशनरियों ने अक्सर स्थानीय भाषाओं, रीति-रिवाजों और परंपराओं का अध्ययन और दस्तावेजीकरण किया है, जिससे भारतीय संस्कृति के अद्वितीय पहलुओं को संरक्षित करने में मदद मिली है।

चित्र . 32

सामाजिक न्याय को बढ़ावा देना

सामाजिक न्याय और समानता पर ईसाई धर्म के जोर ने सामाजिक सुधार और हाशिए पर रहने वाले समुदायों की सुरक्षा के आंदोलनों में योगदान दिया है। पंडिता रमाबाई और कुरियाकोस एलियास चावारा जैसी हस्तियां इन प्रयासों में सबसे आगे थीं।

"अध्याय का निष्कर्ष, भारत में ईसाई समुदाय का सांस्कृतिक योगदान अपनी विशिष्ट पहचान को बनाए रखते हुए व्यापक संस्कृति के साथ सामंजस्यपूर्ण रूप से सह-अस्तित्व में रहने की क्षमता का प्रमाण है। इन योगदानों ने भारत की सांस्कृतिक पच्चीकारी को समृद्ध किया है और जारी रखा है। "आस्था में सद्भाव: भारत का ईसाई समुदाय" के आगामी अध्यायों में हम आस्था और सेवा की स्थायी विरासत, समाज में भारतीय ईसाइयों की विकसित भूमिका और शिक्षा, स्वास्थ्य देखभाल और सामाजिक कल्याण में उनके योगदान के बारे में गहराई से जानकारी देंगे। . ये अध्याय इस विविध और हमेशा बदलते देश में ईसाई विरासत की व्यापक समझ प्रदान करेंगे।"

13

आस्था और सेवा की स्थायी विरासत

समाज की सेवा

भारत में ईसाई समुदाय की एक पहचान सेवा के प्रति इसकी स्थायी प्रतिबद्धता है। ईसाई संगठन और व्यक्ति सामाजिक चुनौतियों से निपटने में सबसे आगे रहे हैं।

- **शिक्षा :**ईसाई स्कूलों, कॉलेजों और विश्वविद्यालयों ने पूरे भारत में शिक्षा के प्रसार में महत्वपूर्ण भूमिका निभाई है। गुणवत्तापूर्ण शिक्षा पर उनके ध्यान ने, अक्सर वंचित क्षेत्रों में, अनगिनत जिंदगियों का उत्थान किया है।

चित्र . 32

स्वास्थ्य देखभाल

ईसाई संगठनों द्वारा संचालित मिशन अस्पताल और क्लीनिक समुदायों को विशेष रूप से ग्रामीण और दूरदराज के क्षेत्रों में महत्वपूर्ण चिकित्सा सेवाएं प्रदान करते हैं। दयालु स्वास्थ्य देखभाल के प्रति उनके समर्पण ने असंख्य लोगों की जान बचाई है।

चित्र . 33

समाज कल्याण

ईसाई दान और गैर सरकारी संगठन भूखों को खाना खिलाना, बेघरों को आश्रय प्रदान करना और अनाथ और निराश्रित बच्चों का समर्थन करने सहित कई प्रकार की सामाजिक कल्याण गतिविधियों में संलग्न रहना जारी रखते हैं।

न्याय के पक्षधर

ईसाई नेता और व्यक्ति न्याय और समानता के समर्थक रहे हैं। उन्होंने हाशिए पर मौजूद समुदायों के कल्याण और मानवाधिकारों की सुरक्षा के लिए सक्रिय रूप से काम किया है।

प्रेरणादायक आंकड़े

मदर टेरेसा, जिन्होंने अपना जीवन बेसहारा लोगों की सेवा के लिए समर्पित कर दिया, और कुरियाकोस एलियास चावारा, जिन्होंने शिक्षा और सामाजिक सुधार का समर्थन किया, जैसी ईसाई हस्तियों का जीवन भारतीयों की पीढ़ियों को सेवा और करुणा के मार्ग पर चलने के लिए प्रेरित करता रहता है।

चित्र . 34

अंतरधार्मिक सहयोग

भारत में ईसाई समुदाय भी अंतरधार्मिक सहयोग का प्रतीक रहा है। अन्य धार्मिक समुदायों के सदस्यों के साथ बातचीत और सहयोग में शामिल होकर, ईसाइयों ने समझ और सद्भाव को बढ़ावा देने में महत्वपूर्ण भूमिका निभाई है।

"अध्याय का निष्कर्ष, भारत के ईसाई समुदाय में आस्था और सेवा की स्थायी विरासत समाज की भलाई के प्रति उसकी प्रतिबद्धता का प्रमाण है। करुणा, सामाजिक न्याय और सेवा के मूल्य समुदाय के कार्यों का मार्गदर्शन करते हैं और सकारात्मक बदलाव को प्रेरित करते हैं।"

14

समाज में भारतीय ईसाइयों की विकसित होती भूमिका

सामाजिक और राजनीतिक जुड़ाव

भारतीय ईसाई देश के सामाजिक और राजनीतिक परिदृश्य को आकार देने में सक्रिय भागीदार रहे हैं।

- सामाजिक सुधार: ऐतिहासिक रूप से, कुरियाकोस एलियास चावारा और पंडिता रमाबाई जैसे ईसाई नेता लैंगिक समानता, शिक्षा और हाशिए पर रहने वाले समुदायों के उत्थान की वकालत करते हुए सामाजिक सुधार आंदोलनों में सबसे आगे रहे हैं।

- राजनीतिक प्रतिनिधित्व: भारतीय ईसाइयों ने राज्य और राष्ट्रीय दोनों स्तरों पर राजनीतिक प्रभाव वाले पदों पर कब्जा किया है। उन्होंने लोकतांत्रिक प्रक्रिया में योगदान दिया है, ऐसी नीतियां तैयार करने में मदद की है जो समग्र रूप से समाज को लाभ पहुंचाती हैं।

युवा और नेतृत्व

नेतृत्व की भूमिकाओं में युवा भारतीय ईसाइयों की भागीदारी समुदाय के भविष्य के लिए महत्वपूर्ण है।

- युवा मंत्रालय: ईसाई समुदायों के भीतर युवा मंत्रालय और संगठन नेतृत्व कौशल को बढ़ावा देने, सामुदायिक जुड़ाव को बढ़ावा देने और समकालीन चुनौतियों का समाधान करने पर ध्यान केंद्रित करते हैं।

- शैक्षिक नेतृत्व: कई ईसाई शैक्षणिक संस्थानों का नेतृत्व गतिशील और दूरदर्शी नेताओं द्वारा किया जाता है जो आधुनिक आवश्यकताओं के अनुरूप समग्र शिक्षा प्रदान करने का प्रयास करते हैं।

वैश्विक कनेक्शन

भारत में ईसाई समुदाय दुनिया भर के ईसाई समुदायों के साथ मजबूत संबंध रखता है।

- मिशनरी काम: भारतीय ईसाई आस्था, सेवा और करुणा का संदेश फैलाते हुए, भारत और विदेश दोनों जगह मिशनरी कार्यों में सक्रिय रूप से भाग लेते हैं।

- वैश्विक भागीदारी: भारत में ईसाई संगठन गरीबी, स्वास्थ्य देखभाल और आपदा राहत जैसी वैश्विक चुनौतियों का समाधान करने के लिए अक्सर अंतरराष्ट्रीय ईसाई धर्मार्थ संस्थाओं और गैर सरकारी संगठनों के साथ सहयोग करते हैं।

चुनौतियाँ और अवसर

भारतीय ईसाइयों को लगातार बदलते समाज का नेतृत्व करते समय चुनौतियों और अवसरों दोनों का सामना करना पड़ता है।

चुनौतियाँ:

- धार्मिक तनाव: चल रहे धार्मिक तनाव और असहिष्णुता की घटनाएं ईसाई समुदाय के लिए चुनौतियां खड़ी कर सकती हैं।
- कानूनी मुद्दे: संपत्ति, प्रबंधन और धार्मिक रूपांतरण से संबंधित कानूनी विवाद जटिल और लंबे हो सकते हैं।

अवसर:

- अंतरधार्मिक सहयोग और संवाद के अवसर धार्मिक समुदायों के बीच समझ और सद्भाव को बढ़ावा दे सकते हैं।
- युवा जुड़ाव: युवा ईसाइयों को शामिल करना और सशक्त बनाना समुदाय को सशक्त बना सकता है और इसकी निरंतरता सुनिश्चित कर सकता है।

"अध्याय का निष्कर्ष, भारतीय ईसाई आस्था, सेवा और करुणा के अपने मूल मूल्यों के प्रति सच्चे रहते हुए समाज की बदलती गतिशीलता के साथ विकास और अनुकूलन जारी रखते हैं। विभिन्न क्षेत्रों में राष्ट्र के लिए उनका योगदान उन्हें भारत के विविध और बहुलवादी ताने-बाने का अभिन्न अंग बनाता है। "आस्था में सद्भाव: भारत का ईसाई समुदाय" के आगामी अध्यायों में हम भारत में ईसाई धर्म के भविष्य, समकालीन संस्कृति और समाज पर इसके प्रभाव और विश्वास और सेवा की स्थायी विरासत पर चर्चा करेंगे। ये अध्याय इस गतिशील और विविध राष्ट्र में ईसाई विरासत की व्यापक समझ प्रदान करेंगे।"

15

अंतिम विचार- भारत में ईसाई धर्म: आस्था में सद्भाव

एक कालातीत प्रतिबद्धता

भारत में ईसाई समुदाय ने सदियों से आस्था और सेवा के प्रति दृढ़ प्रतिबद्धता बनाए रखी है। इस प्रतिबद्धता ने राष्ट्र पर एक अमिट छाप छोड़ी है, इसकी संस्कृति, समाज और मूल्यों को आकार दिया है।

पुल निर्माण

भारत में ईसाई धर्म विभिन्न समुदायों के बीच एक सेतु रहा है, जो विभिन्न धार्मिक समूहों के बीच समझ, सहिष्णुता और सहयोग को बढ़ावा देता है। शांतिदूत और एकता के समर्थक के रूप में यह भूमिका भारत के विविध और बहुलवादी समाज में महत्वपूर्ण बनी हुई है।

करुणा का पोषण

दयालु सेवा के प्रति ईसाई समुदाय के समर्पण ने, जैसा कि मदर टेरेसा जैसी शख्सियतों द्वारा उदाहरण दिया गया है, अनगिनत जिंदगियों को प्रभावित किया है। करुणा की यह भावना पूरे भारत में व्यक्तियों और संगठनों के लिए प्रेरणा का स्रोत बनी हुई है।

आस्था और लचीलापन

चुनौतियों का सामना करते हुए, भारतीय ईसाइयों ने अटूट विश्वास और लचीलेपन का प्रदर्शन किया है। अपने मूल मूल्यों को संरक्षित करते हुए अनुकूलन और विकास करने की उनकी क्षमता उनके विश्वास की ताकत का प्रमाण है।

आगे का भविष्य

जैसे-जैसे भारत बदलता और बढ़ता रहेगा, भारत में ईसाई समुदाय देश के भविष्य को आकार देने में एक अद्वितीय और मूल्यवान भूमिका निभाएगा। शिक्षा, स्वास्थ्य देखभाल, सामाजिक सेवाओं, कला, संस्कृति और अंतरधार्मिक संवाद में समुदाय का योगदान भारतीय समाज के ताने-बाने को समृद्ध करना जारी रखेगा।

अंतिम विचार

"आस्था में सद्भाव: भारत का ईसाई समुदाय" ने भारत में ईसाई धर्म की ऐतिहासिक जड़ों से लेकर समकालीन चुनौतियों और योगदानों तक की बहुमुखी प्रकृति का पता लगाया है। यह विश्वास, लचीलेपन, करुणा और सेवा की कहानी है, जो भारत की सांस्कृतिक और धार्मिक विविधता की समृद्ध टेपेस्ट्री से जुड़ी हुई है। भारत में ईसाई समुदाय द्वारा छोड़ी गई आस्था और सेवा की विरासत स्थायी है, जो हमें सकारात्मक परिवर्तन को प्रेरित करने के लिए आस्था की शक्ति और विविध दुनिया में करुणा और एकता के महत्व की याद दिलाती है। जैसे ही हम भारत की ईसाई विरासत के माध्यम से इस यात्रा को समाप्त करते हैं, आइए हम प्रेम, सेवा और समझ के साझा मूल्यों पर विचार करें जो हमें एक वैश्विक समुदाय के रूप में एक साथ बांधते हैं, विश्वास में सद्भाव और एक दूसरे के साथ हमारी बातचीत में सद्भाव की तलाश करते हैं।

विविधता को अपनाना

भारत में ईसाई समुदाय इस बात का ज्वलंत उदाहरण है कि कैसे आस्था विविधता के साथ सौहार्दपूर्ण ढंग से सह-अस्तित्व में रह सकती है। ऐसे देश में जहां अनगिनत भाषाएं, संस्कृतियां और धर्म एक-दूसरे से मिलते हैं, भारतीय ईसाइयों ने दिखाया है कि एकता और आपसी सम्मान कायम रह सकता है।

सदैव विकसित होने वाला विश्वास

भारत में ईसाई धर्म स्थिर नहीं है; यह एक गतिशील आस्था है जो अपने मूल मूल्यों में निहित रहते हुए बदलते समय के अनुरूप ढल जाती है। इस अनुकूलन क्षमता ने इसे आधुनिक भारत की जटिलताओं के बीच भी फलते-फूलते रहने की अनुमति दी है।

एकता का आह्वान

जैसा कि हम भारत में ईसाई समुदाय की यात्रा पर विचार करते हैं, यह हमारी तेजी से परस्पर जुड़ी दुनिया में एकता और सहयोग के महत्व की एक मार्मिक याद दिलाता है। चुनौतियों का सामना करना पड़ा और भारतीय ईसाइयों द्वारा किया गया योगदान इस विचार को रेखांकित करता है कि, हमारे मतभेदों के बावजूद, हम एक अधिक दयालु और सामंजस्यपूर्ण समाज बनाने के लिए मिलकर काम कर सकते हैं।

संवाद जारी है

भारत में ईसाई धर्म की खोज अभी ख़त्म नहीं हुई है। यह समृद्ध और विविध समुदाय सभी पृष्ठभूमि के लोगों के बीच संवाद, समझ और सहयोग को बढ़ावा देते हुए भावी पीढ़ियों को प्रेरित करता रहेगा।

कृतज्ञता

हम भारत में ईसाई समुदाय के प्रति उसकी स्थायी आस्था, सेवा के प्रति प्रतिबद्धता और समाज में योगदान के लिए हार्दिक आभार व्यक्त करते हैं। प्रेम और करुणा की आपकी विरासत राष्ट्र को आकार देती है और दुनिया को प्रेरित करती है।

> *"अध्याय बंद करना जैसे ही हम "भारत में ईसाई धर्म: विश्वास में सद्भाव"*
> *की अपनी खोज समाप्त करते हैं, हम आशा करते हैं कि इस यात्रा ने भारतीय*
> *ईसाइयों के विश्वास, संस्कृति और योगदान की गहरी समझ प्रदान की है।*
> *उनकी कहानी विविध और निरंतर विकसित हो रही दुनिया में विश्वास, सेवा*
> *और एकता की स्थायी शक्ति के प्रमाण के रूप में काम करे।"*

अस्वीकरण

यह पुस्तक मेरे द्वारा लिखी गई है, जो मेरे ज्ञान और अनुभव पर आधारित है, और बाइबल, प्राचीन इतिहास की पुस्तकों और इंटरनेट पर उपलब्ध अन्य संबंधित साहित्य की सामग्री का संदर्भ देती है। विशिष्ट व्यक्तियों की गोपनीयता की सुरक्षा के लिए, नाम और पहचान संबंधी विवरण बदल दिए गए हैं।

यह एक काल्पनिक कृति है। इस पुस्तक में चित्रित कोई भी नाम, पात्र, व्यवसाय, स्थान, घटनाएँ या घटनाएँ पूरी तरह से काल्पनिक हैं। वास्तविक व्यक्तियों, जीवित या मृत, या वास्तविक घटनाओं से कोई भी समानता संयोग और अनपेक्षित है।

पाठकों को पता होना चाहिए कि हालांकि इस कार्य में वास्तविक दुनिया के स्रोतों से प्रेरित तत्व शामिल हो सकते हैं, लेकिन इसका उद्देश्य किसी विशिष्ट व्यक्ति, स्थान या घटना का सटीक चित्रण या प्रतिनिधित्व करना नहीं है। ली गई रचनात्मक स्वतंत्रताएं कहानी कहने के उद्देश्य से हैं और लेखक के किसी विशेष विश्वास, व्यक्ति या समूह के समर्थन या निंदा को प्रतिबिंबित नहीं करती हैं।

इस पुस्तक में व्यक्त विचार और राय पूरी तरह से लेखक के हैं और जरूरी नहीं कि वे किसी भी संदर्भित स्रोत के विचारों को प्रतिबिंबित करें। इसके अतिरिक्त, किसी भी ऐतिहासिक या धार्मिक संदर्भ की व्याख्या काल्पनिक कथा के संदर्भ में की जाती है और इसे तथ्यात्मक या विद्वानों के दावे के रूप में नहीं समझा जाना चाहिए।

इसके अलावा, लेखक सामग्री के बारे में पाठक की समझ से उत्पन्न होने वाली संभावित अशुद्धियों, चूक या गलत व्याख्याओं के लिए किसी भी जिम्मेदारी से इनकार करता है। यह अनुशंसा की जाती है कि पाठक इस कार्य को समझदार दिमाग और इसकी काल्पनिक प्रकृति की समझ के साथ करें।

इस पुस्तक से जुड़कर, पाठक इसकी सामग्री की काल्पनिक प्रकृति को स्वीकार करते हैं और किसी भी कथित विसंगतियों या व्याख्याओं के लिए लेखक को उत्तरदायी नहीं ठहराने पर सहमत होते हैं। यह अस्वीकरण पारदर्शिता प्रदान करने और काम के पीछे रचनात्मक इरादे की स्पष्ट समझ सुनिश्चित करने के लिए है।"

उपसंहार

जैसे ही हम भारत में ईसाई धर्म की इस खोज के करीब आते हैं: आस्था का सामंजस्य, हम भारत के ईसाई समुदाय की जीवंत टेपेस्ट्री पर विचार करते हैं। इतिहास, संस्कृति और आध्यात्मिकता के माध्यम से यह यात्रा इस विविध और गतिशील देश में ईसाई धर्म के गहरे प्रभाव और स्थायी उपस्थिति को प्रकट करती है। भारत में ईसाई धर्म केवल धार्मिक विश्वास की कहानी नहीं है, बल्कि कई अन्य धर्मों के बीच लचीलेपन, अनुकूलन और सामंजस्यपूर्ण सह-अस्तित्व का एक प्रमाण है।

भारतीय ईसाई समुदाय ने, अपने असंख्य संप्रदायों और परंपराओं के साथ, भारत के सामाजिक-सांस्कृतिक परिदृश्य में महत्वपूर्ण भूमिका निभाई है। केरल के प्राचीन सेंट थॉमस ईसाइयों से लेकर, जिनकी स्थापना प्रेरित थॉमस ने की थी, गोवा के पुर्तगाली-प्रभावित रोमन कैथोलिकों और कोलकाता और चेन्नई जैसे शहरों में एंग्लो-इंडियन समुदायों तक, प्रत्येक समूह ने अमीरों के लिए विशिष्ट योगदान दिया है। भारतीय ईसाई धर्म की पच्चीकारी।

इस पूरी पुस्तक में, हमने उन ऐतिहासिक जड़ों और विकासों की गहराई से पड़ताल की है, जिन्होंने भारत में ईसाई धर्म को आकार दिया है। हमने पता लगाया है कि प्रारंभिक मिशनरियों, औपनिवेशिक प्रभावों और स्थानीय परंपराओं ने कैसे एक विशिष्ट भारतीय ईसाई पहचान बनाई। औपनिवेशिक अधीनता से लेकर सामाजिक-राजनीतिक उथल-पुथल तक चुनौतियों का सामना करने के बावजूद, ईसाई समुदाय दृढ़ बना हुआ है, लगातार विश्वास और सेवा के प्रति अपनी प्रतिबद्धता को नवीनीकृत कर रहा है।

शिक्षा और स्वास्थ्य सेवा दो ऐसे क्षेत्र हैं जहां भारतीय ईसाइयों का योगदान विशेष रूप से उल्लेखनीय रहा है। मिशनरियों ने भारत में कुछ पहले स्कूलों और अस्पतालों की स्थापना की, जिनमें से कई जाति या पंथ के बावजूद समुदायों की सेवा करना जारी रखते हैं। करुणा, शिक्षा और सामाजिक न्याय पर ईसाई जोर ने मानवता की सेवा में ईसा मसीह की शिक्षाओं को मूर्त रूप देते हुए भारतीय समाज पर एक अमिट छाप छोड़ी है।

इसके अलावा, भारतीय ईसाई धर्म की कलात्मक और स्थापत्य विरासत इसके समृद्ध सांस्कृतिक एकीकरण का प्रमाण है। खूबसूरत चर्च, जिनमें से कुछ सदियों पुराने हैं, यूरोपीय शैलियों को स्थानीय तत्वों के साथ मिश्रित करते हैं, जो पूर्व और पश्चिम के संश्लेषण का प्रतीक हैं। भारतीय ईसाइयों का संगीत, साहित्य और त्योहार भी इस सामंजस्यपूर्ण मिश्रण को दर्शाते हैं, जो एक विशिष्ट भारतीय लेंस के माध्यम से आस्था का जश्न मनाते हैं।

समकालीन युग में, भारतीय ईसाई तेजी से बदलते समाज के भीतर अपनी पहचान बनाना जारी रखते हैं। धार्मिक स्वतंत्रता, सामाजिक न्याय और अंतरधार्मिक संवाद के मुद्दे सर्वोपरि बने हुए हैं। हालाँकि, समुदाय की स्थायी भावना, जो विश्वास में निहित है और सेवा और न्याय की मजबूत भावना से प्रेरित है, उदाहरण के लिए प्रेरित और नेतृत्व करना जारी

रखती है।

भारत में ईसाई धर्म की कथा: आस्था का सामंजस्य केवल अतीत के बारे में नहीं है; यह एक जीवंत कहानी है जो हर पीढ़ी के साथ विकसित होती है। आज के युवा इस समृद्ध विरासत के पथप्रदर्शक हैं, और आस्था और समाज के साथ उनका जुड़ाव भारत में ईसाई धर्म के भविष्य को आकार देगा। जैसे-जैसे वे डिजिटलीकरण से लेकर पर्यावरण संबंधी चिंताओं तक आधुनिक चुनौतियों का सामना कर रहे हैं, उनका विश्वास उन्हें ईमानदारी, करुणा और साहस के साथ कार्य करने के लिए मार्गदर्शन और प्रेरणा देता रहेगा।

जैसे ही हम निष्कर्ष निकालते हैं, अंतर-धार्मिक सद्भाव को स्वीकार करना महत्वपूर्ण है जो भारतीय समाज की आधारशिला रही है। ईसाई धर्म के साथ-साथ हिंदू धर्म, इस्लाम, सिख धर्म, बौद्ध धर्म और अन्य सहित विविध धार्मिक परंपराओं का शांतिपूर्ण सह-अस्तित्व, अक्सर धार्मिक संघर्ष से विभाजित दुनिया में आशा की किरण है। भारत में ईसाई समुदाय ने हमेशा सुसमाचार के केंद्र में निहित प्रेम और एकता के संदेश को मूर्त रूप देते हुए, समझ और सहयोग के पुल बनाने का प्रयास किया है।

"अंत में, यह पुस्तक उन सभी को समर्पित है जिन्होंने भारत में ईसाई धर्म की समृद्ध विरासत में योगदान दिया है। प्रारंभिक मिशनरियों और स्थानीय धर्मान्तरित लोगों से लेकर समकालीन नेताओं और वफादार पैरिशवासियों तक, प्रत्येक ने इस उल्लेखनीय समुदाय को आकार देने में महत्वपूर्ण भूमिका निभाई है। हमारी आशा है कि इस अन्वेषण ने न केवल पाठकों को भारतीय ईसाइयों के इतिहास और योगदान के बारे में प्रबुद्ध किया है, बल्कि विश्वास, सेवा और सद्भाव के मूल्यों के लिए गहरी सराहना भी प्रेरित की है।"

जैसे ही हम अंतिम पृष्ठ पलटते हैं, हम आशा और विश्वास के साथ आगे बढ़ते हैं, विश्वास करते हैं कि भारत में ईसाई धर्म की कहानी लचीलापन, करुणा और सद्भाव की कहानी बनी रहेगी। विश्वास और खोज की यह यात्रा हम सभी को एक अधिक न्यायपूर्ण, प्रेमपूर्ण और एकजुट दुनिया बनाने के लिए प्रोत्साहित करे।